DE LA

DISCIPLINE BOUDDHIQUE

SES DÉVELOPPEMENTS ET SES LÉGENDES

ÉTUDES NOUVELLES

POUR SERVIR AUX TRAVAUX DE L'APOLOGÉTIQUE CHRÉTIENNE

PAR

L'ABBÉ A. DESCHAMPS

CHANOINE HONORAIRE, MEMBRE DE LA SOCIÉTÉ ASIATIQUE DE PARIS

PARIS

CHARLES DOUNIOL
LIBRAIRE-ÉDITEUR
29, RUE DE TOURNON

BENJAMIN DUPRAT
LIBRAIRE DE L'INSTITUT
7, RUE DU CLOÎTRE SAINT-BENOIT

1862

DE LA

DISCIPLINE BOUDDHIQUE

PARIS. — IMP. SIMON RAÇON ET COMP , 1, RUE D'ERFURTH.

DE LA

DISCIPLINE BOUDDHIQUE

SES DÉVELOPPEMENTS ET SES LÉGENDES

ÉTUDES NOUVELLES

POUR SERVIR AUX TRAVAUX DE L'APOLOGÉTIQUE CHRÉTIENNE

PAR

L'ABBÉ A. DESCHAMPS

CHANOINE HONORAIRE, MEMBRE DE LA SOCIÉTÉ ASIATIQUE DE PARIS.

PARIS

<table>
<tr><td>CHARLES DOUNIOL
LIBRAIRE-ÉDITEUR
29, RUE DE TOURNON</td><td>BENJAMIN DUPRAT
LIBRAIRE DE L'INSTITUT
7, RUE DU CLOÎTRE SAINT-BENOIT</td></tr>
</table>

1862

DISCIPLINE BOUDDHIQUE

SES DÉVELOPPEMENTS ET SES LÉGENDES.

Ce qui a fait l'originalité du Bouddha et le succès de sa prédication, ce n'était pas, comme on l'a dit à tort, « l'éclat de ses miracles; » ce n'était pas non plus la supériorité de son enseignement, supériorité cependant incontestable sous beaucoup de rapports; c'était, selon nous, la vaste base sur laquelle il avait su poser son édifice religieux. Oui, cette maxime est souvent répétée dans les *Soutras* : « Les miracles opérés par une puissance surnaturelle attirent bien vite les hommes ordinaires. » Mais ce sont les légendaires bouddhistes qui parlent de la sorte pour s'autoriser d'avance à faire de Çâkyamouni un thaumaturge. Quant au fondateur du bouddhisme, il n'a placé ses espérances, pour la popularité et le succès de son œuvre, que dans ces deux choses : d'une part, la grande simplification religieuse qu'il proposait à l'Inde brâhmanique touchant le moyen de parvenir à la délivrance finale ; d'une autre part, l'application universelle qu'il voulait faire de ce moyen de salut.

Le Bouddha avait regardé le brâhmanisme. Il avait vu sur quel fondement étroit le privilège des castes avait placé la vie ascétique, comprise dans sa plus haute idée indienne. A côté du rôle si important que jouait, aux yeux des brâhmanes, la question de naissance, il avait vu le rôle non moins important que jouait le rituel brâhmanique, le tout au point de vue de l'éternelle délivrance, et il s'était dit : Dans le brâhmanisme, on ne devient ascète ou prétendant au salut que par droit de naissance ; dans le bouddhisme, on deviendra religieux et on prétendra au Nirvâna par droit de vertu. Chose remarquable ! sous ce dernier rapport, le bouddhisme du petit véhicule poussera d'abord si loin sa théorie, que, déplaçant, en quelque sorte, la difficulté de se faire ascète, il dira : « Se faire religieux, pratiquer la sainte doctrine, est difficile, si l'on renaît dans une race élevée et illustre ; mais embrasser la vie religieuse, cela est facile, au contraire, quand on est d'une pauvre et basse extraction. » Et cette sorte de prédestination des pauvres, des petits, de tout ce qui est le rebut de ce monde, à l'adoption de la doctrine nouvelle, se représente, selon la remarque de Burnouf, à chaque instant dans les légendes. Il y avait là, pour le dire en passant, un des plus touchants signes avant-coureurs du *Beati pauperes*, qui, au sein du vieux monde païen, eussent jamais fait tressaillir l'humanité ; et le brâhmanisme, en particulier, lui qui prolongeait jusque dans la vie future les priviléges terrestres des « deux fois nés, » le brâhmanisme dut s'étonner beaucoup de voir que le salut, cessant tout à coup d'être une question d'aristocratie, était non-seulement prêché et offert à tous, mais devenu accessible surtout aux petits.

Toutefois le Bouddha, en proclamant sa « bonne loi pour tous, » prenait le contre-pied de la religion brâhmanique d'une manière moins profonde qu'on ne le suppose communément. Il nous en coûte toujours de ne pas être de l'avis des maîtres illustres qui ont défriché devant nous le dur sillon où nous n'avons plus, nous, qu'à recueillir, mais nous ferons cependant observer que l'illustre auteur de l'*Introduction à l'histoire du bouddhisme indien* est allé trop loin en disant que la naissance, dans le brâhmanisme, fermait absolument la voie du salut au plus grand nombre. En effet, les gens de basse extraction, à force de transmigrations successives, finissaient, supposait-on, par voir s'ouvrir devant eux les hautes sphères sociales, d'où ils pouvaient, comme le reste des « deux fois nés, » tourner leurs regards et leur espérance vers l'absorption en Brâhma. Il n'en est pas moins vrai que la base primordiale du système de la « bonne loi » était aussi large que celle du système brâhmanique était étroite.

Mais combien d'écueils attendaient, dans l'avenir, l'universalisme bouddhique ! et combien il faudra peu de siècles pour forcer la religion de Çâkyamouni à rétrograder vers un exclusivisme illogique qui finira par lui enlever une grande partie de sa primitive originalité !

Tel est, entre autres, le curieux phénomène moral que nous offre l'étude de la discipline bouddhique (*Vinaya*), considérée dans ses développements successifs, dans ses règles de plus en plus multipliées touchant les conditions auxquelles pouvaient seulement s'ouvrir les portes des monastères de Çâkya.

I

Ces conditions sont bien peu nombreuses à l'origine. Dans le principe, surtout du temps du Bouddha, il suffisait, pour demander l'investiture, d'avoir foi au fondateur et à sa doctrine. L'investiture elle-même ne fut longtemps qu'une manière fort simple d'accueillir dans la communauté le nouveau mendiant. Le candidat se présentait devant Çâkyamouni; il demandait au grand ascète de compter désormais au nombre de ses fils : « Approche, ô Religieux ! répondait le Bouddha, embrasse la vie religieuse ; » et le nouveau postulant était institué bouddhiste.

Les légendes, pour le dire en passant, vont jusqu'à enlever au candidat le soin des conditions extérieures. Voyez le récit de la conversion de Pourna, cette belle légende popularisée par la traduction de Burnouf. Le Bouddha n'a pas plutôt prononcé la formule ordinaire : « Approche, ô Religieux! » que le postulant, reçu Bhikchou, « se trouve « rasé, revêtu du manteau religieux, et que, muni du pot aux au- « mônes et du vase dont l'extrémité est en bec d'oiseau, avec une « barbe et une chevelure de sept jours, il paraît avec l'extérieur dé- « cent d'un religieux qui a reçu l'investiture depuis cent ans et qui « sent les vérités porter le calme dans tous ses sens. » On comprend à merveille que, s'inspirant de pareils récits, les poëtes du bouddhisme, qui sont venus plus tard, aient épuisé toutes les comparaisons et toutes les métaphores pour chanter la force de conversion et le charme attirant qui s'échappaient, selon eux, des lèvres du Bouddha. La puissance convertissante de Çâkyamouni, lorsque la poésie bouddhiste la placera en face des hérétiques, elle la comparera à la « lumière du soleil qui chasse les ténèbres, » comme elle comparera l'empire de sa parole sur les cœurs qu'elle fortifie et console toujours, à la « douce influence de la lune sur le lis des champs. » Une autre légende, celle de Sãmgha Rakchita, qui, dès le sein de sa mère, avait été donné par son père au vénérable Çâripouttra pour qu'il devînt Çramana, nous montre encore mieux, s'il est possible, la manière expéditive dont le bouddhisme accordait l'investiture et avec quelle rapidité a pu s'étendre, au commencement, le nombre des Bhikchous. Ici, il ne s'agit plus d'un converti qui vient individuellement demander le rang de Religieux; ce sont « mille fils de famille » que l'on présente à Çâkyamouni et qu'il accueille aussitôt en prononçant la formule d'institution : « Approchez, Religieux ; » et tous, comme Pourna, se trouvèrent tout à coup rasés et revêtus du manteau religieux, ayant une chevelure et une barbe de sept jours ; et, munis des insignes que nous connaissons maintenant, ils parurent également avec l'extérieur décent de religieux vieillis sous la robe jaune. Nous les voyons en outre affranchis, du même coup, de tout attachement pour le monde, « envisageant du même regard l'or et une motte de terre, considérant comme égaux l'espace et la paume de leur main, ayant les mêmes sentiments pour le bois de santal et la hache qui le coupe, ayant acquis la science, les connaissances surnaturelles et la sagesse accomplie, tournant le dos à l'existence, au gain, aux plaisirs et aux honneurs. » Certes, les nouveaux convertis ne pouvaient acquérir avec plus de facilité et en moins de temps leur titre de bouddhistes et les perfections de la vie nouvelle à laquelle ils se trouvaient consacrés ! Laissons de côté le merveilleux et les détails ridicules qui abondent dans ces récits légendaires ; ils ne nous en laissent pas moins entrevoir à distance le peu de formalité que le bouddhisme primitif, peut-être à l'exemple du fondateur, imposait à ses nouveaux disciples pour les introduire dans sa communauté.

Cette initiation facile était en parfaite harmonie avec les grands caractères que les légendes prêtent à Çâkyamouni, — de fondateur de la « bonne loi » offerte à tous sans distinction de caste ni de rang social, — de législateur plein de compassion pour ce monde, tout entier, selon lui, livré à la douleur ; — de sauveur qui se complaît dans sa mission rédemptrice. Il n'est pas nécessaire de multiplier les textes légendaires qui nous montrent le Bouddha sous ces différents aspects. Sans sortir des deux légendes qui viennent de nous fournir des exemples d'investiture rapide, ne trouvons-nous pas ces paroles qui font penser à l'Évangile, dont on dirait que les divines pages les ont inspirées ? mais, hélas ! c'est un beau langage au service d'une grande erreur : « Assis en présence d'une assemblée formée de plusieurs centaines de Religieux, dit la légende, le Bouddha enseignait la loi. Il aperçut Anathapindika, le maître de maison, qui s'avançait avec le présent qu'il lui destinait ; et, quand il l'eut vu, il s'adressa en ces termes aux Religieux : — Voici, ô Religieux ! Anathapindika, qui s'avance avec un présent. » Et il ajouta : « Il n'y a pas pour le Bouddha de présent aussi agréable que celui qu'on lui fait en lui amenant un homme à convertir. » Tel est le zèle immense que la légende de Pourna prête au réformateur pour la conversion de tous ceux que le prosélytisme des adeptes déjà institués Religieux amènent devant lui, accomplissant eux-mêmes avec un admirable empressement la promesse qu'ils ont dû faire, en recevant l'investiture, de gagner des sectateurs à la nouvelle doctrine. C'est le même sentiment que le Bouddha exprime à peu près dans les mêmes termes, à propos des mille fils de famille dont nous avons parlé il y a un instant. Quand Sāmgha Rakchita les amène, apportant, lui aussi, son présent : « Il n'y a pas pour moi, dit le Bouddha, de présent aussi précieux que le cadeau d'un homme à convertir. » Les légendes bouddhiques sont pleines de récits non moins capables que les précédents de faire ressortir ce caractère de miséricorde prêté par la tradition au législateur indien, et de montrer combien était facile l'accès de la religion nouvelle. Je demande la permission d'en citer encore un exemple : la conversion de ces cinq cents veuves aux yeux desquelles le Bouddha, dit toujours la légende de Pourna, s'était montré « orné des trente-deux signes qui caractérisent un grand homme, entouré d'une splendeur dont l'éclat surpassait celui de mille soleils, semblable à une montagne de joyaux qui serait en mouvement, et ayant l'extérieur parfaitement beau. » On sait quel doux sentiment de « bienveillance » les cinq cents veuves éprouvèrent en elles pour le Bouddha ainsi transfiguré. Ce sentiment profond, la légende en expose la cause : « C'est une règle reconnue, dit-elle : la possession d'un enfant ne donne pas autant de bonheur à celui qui n'a pas de fils, la vue d'un trésor n'en donne pas autant à un pauvre, l'onction royale n'en donne pas autant à celui qui désire le trône, que la première vue d'un Bouddha n'en assure à l'être en qui existe la cause de l'accumulation des racines de vertus. » Non content de dépeindre elle-même le bonheur que ces femmes éprouvent en voyant resplendir la gloire du Bouddha, en l'écoutant leur exposer l'enseignement de la loi, en adorant ses pieds qu'elles touchent de leur tête, la légende, pour mieux montrer la joie des nouvelles converties : « Aussitôt qu'elles eurent vu la vérité, ajoute-t-elle, elles chantèrent trois fois ces actions de grâce : — Non, nous n'avons reçu, Seigneur, ni de notre mère, ni de notre père, ni d'un roi, ni de la foule de nos parents ou de ceux qui nous sont chers, ni des divinités, ni de ceux qui sont morts depuis longtemps, etc., nous n'avons reçu d'eux, disons-nous, rien qui égale ce que fait pour nous le Bouddha. Les océans de sang sont desséchés, les montagnes d'ossements sont franchies, les portes des mauvaises voies sont franchies. » La version tibétaine ajoute, selon la remarque de Burnouf : « Les portes de l'affranchissement et du ciel sont ouvertes. » C'est alors que les cinq cents veuves prononcent la formule de réception : « Nous cherchons, disent-elles toutes ensemble, un asile auprès du Bouddha, auprès de la loi, auprès de l'Assemblée des Religieux, auprès des fidèles ; que le Bouddha veuille bien nous recevoir en qualité de disciples. » Pendant qu'elles parlent ainsi, elles sont, comme durant l'enseignement de la loi que leur a donné le Bouddha, assises de côté, mais assez près de lui pour

adorer ses pieds, ainsi que nous venons de le voir, en les touchant de
leur tête. Je le demande, la légende n'épuise t-elle pas tous les
moyens de mettre en relief aux yeux des naïfs bouddhistes, d'un
côté la bénignité supposée de Çâkyamouni, d'un autre côté la facilité
avec laquelle il accueille tous ceux « qui ont foi en lui et en sa doctrine, » foi rigoureusement exigée pour prendre rang parmi ses disciples? Ce n'est pas tout cependant. Un dernier trait, encore plus
frappant que les précédents, s'il est possible, achève la démonstra-
tion. Les nouvelles Religieuses, s'étant levées de leurs siéges,
dirigèrent leurs mains réunies en signe de respect du côté où se
trouvait le Bouddha, ce qui, pour le dire en passant, présente à
l'imagination étonnée un tableau non dépourvu de toute grâce, quoique tant de mains réunies et respectueusement tendues vers le
maître ne s'expliquent pas très-aisément. Or, en témoignant de nouveau, par ce geste, de leur profonde vénération pour Çâkyamouni :
« Ah! — lui dirent-elles, — que le Bienheureux daigne nous donner
quoi que ce soit, pour que nous rendions à son présent les homma-
ges qui lui sont dus! » Inutile de faire remarquer que nous avons
franchi, avec la légende, la distance qui nous séparait de la première
phase bouddhique, et que nous nous trouvons transportés à celle qui
marque l'institution du culte, l'adoration des reliques et des images.
C'est un souvenir de lui, c'est une relique, que les cinq cents veuves
demandent au Bouddha. Exaucera-t-il les vœux de ces femmes? N'en
doutons pas. En le faisant donner aux nouvelles converties non-seulement la loi, non seulement l'investiture religieuse, mais une partie
de lui-même, la légende introduit comme un dernier et suprême
caractère dans le tableau qu'elle offre de la profonde miséricorde du
fondateur et du facile accès que sa religion présente à tous les hommes. Quel est donc le don qu'il va accorder aux cinq cents supplian-
tes? « Alors, dit la légende, le Bienheureux trancha par sa puissance
surnaturelle sa chevelure et ses ongles, et les leur donna. » A des yeux
européens, peut-être le présent des ongles dépare-t-il un peu le cadeau de la chevelure. Il n'en est pas moins vrai que les veuves dres-
sèrent un monument pour y honorer la chevelure et les ongles du
Bienheureux, et que le monument porta, entre autres noms, celui
de « Stoûpa des veuves. »

Il serait superflu d'insister davantage et sur le premier mode d'institution, mode si expéditif, et sur le facile accueil que les premiers
disciples du réformateur ont rencontré dans la communauté nais-
sante ouverte à tous indistinctement.

Combien de temps les choses sont-elles demeurées sur ce pied-là?
C'est ce que nous ne sommes pas en mesure de déterminer d'une
manière précise. Ce qu'il y a de certain, c'est que, peu à peu, les

conditions imposées aux nouveaux disciples se sont multipliées. La plus indispensable, au commencement, était-elle la foi, comme le pense Burnouf? ceux qui remplissaient cette condition étaient-ils dispensés de toutes les autres? en un mot, le bouddhisme a-t-il commencé par dire : C'est la foi qui sauve, la foi au Bouddha et à sa doctrine? Cette hypothèse, quoique fondée uniquement, selon nous, sur une théorie de conversion relativement tardive, rien ne nous empêche de l'admettre.

Quoi qu'il en soit, à ne s'en tenir même qu'aux récits légendaires, les conversions n'ont pas toujours été aussi rapides que celles dont nous avons parlé tout à l'heure. Peu à peu l'initiation a eu ses degrés divers, qu'il a fallu franchir successivement avant d'obtenir le rang de Religieux. Quand celui qui voulait embrasser la vie ascétique ne pouvait satisfaire du premier coup aux diverses conditions requises, il n'était pas pour cela repoussé de la réunion des Religieux. « Sans en faire encore partie, dit Burnouf, à qui j'emprunte ces détails, il était placé sous la direction d'un Religieux, et prenait le titre de Çrâmanêra, diminutif de Çramana. Le dernier nom peut se traduire par ascète; le premier signifie, par conséquent, petit ascète, c'est-à-dire ascète novice. Ce premier degré de l'initiation ne fut toutefois que très-rare au commencement de son institution, si nous en jugeons par la nécessité de donner à chaque débutant un Religieux pour précepteur et pour guide dans la voie du noviciat et de la perfection. Le directeur spirituel d'un candidat à l'état religieux ne pouvait guère étendre sa direction à d'autres sujets. Rappelons-nous que le bouddhisme, à l'époque où nous le considérons, est nomade encore. L'ère des monastères ne sera inaugurée que plus tard. Se convertir alors, c'est renoncer au monde, c'est quitter sa famille, c'est s'imposer le jeûne et l'abstinence sous toutes les formes, avec toutes ses rigueurs. La vie religieuse, aux yeux du bouddhisme primitif, suppose la solitude, c'est la vie ensevelie dans le silence, dans la plus rigoureuse retraite, vie dont Çâkyamouni, au dire des légendes, a toujours exalté les avantages et la nécessité. De cette pratique générale de la vie solitaire, on peut conclure que les novices des premiers temps, ces aspirants ascètes désignés par le diminutif sanscrit que nous avons dit, étaient beaucoup moins nombreux que les religieux appelés Bhikchous; mais j'avoue que le Çrâmanêra me touche, quand je le vois conduit, comme le montrent les légendes, de station en station, dans le chemin qu'il croit être celui de la perfection religieuse; quand je le vois, dis-je, conduit par un Religieux accompli, au pas duquel il s'attache et dont il copie les exemples et suit les enseignements. Ce qu'il y a encore, à mon sens, de plus frappant, c'est le beau nom que le bouddhisme a su donner au guide spirituel chargé de conduire le Çrâmanêra. Ce guide, le bouddhisme l'appelle : « l'Ami de la vertu. » Dans le langage des premiers Religieux de Çâkya, les noms de « directeur spirituel » et « d'Ami de la vertu » sont synonymes.

De cet apprentissage individuel de la discipline et de la doctrine sous la direction personnelle d'un maître ou d'un Ami de la vertu, de cet apprentissage individuel, dis-je, à l'apprentissage collectif, en d'autres termes, au noviciat proprement dit, il n'y avait qu'une distance trop petite pour ne pas être bientôt franchie. D'ailleurs, et nous l'avons déjà dit[1], en présence de l'accroissement continu de la société religieuse fondée par lui, société ouverte à tous indistinctement, le Bouddha avait pu reconnaître la nécessité d'ouvrir des monastères (*Vihâras*) ; en tout cas, le bouddhisme ne devait pas tarder beaucoup à mettre la main à l'œuvre, quoique nous ne puissions assigner au juste l'époque qui vit naître les premiers cloîtres ouverts aux fils de Çâkyamouni.

Mais, avant de franchir définitivement le seuil des cloîtres bouddhiques, avant d'étudier en détail la discipline intérieure et si compliquée des Vihâras, suivons le novice dans le chemin de l'initiation dont les conditions devaient se régulariser, en se multipliant, à travers les âges.

Nous venons de voir le novice confié pour l'apprentissage de la perfection religieuse aux mains expérimentées et habiles de ce directeur spirituel que le bouddhisme a su appeler du nom admirable d'Ami de la vertu (en sanscrit : *Kalyâna mitra*). A ce directeur, dont l'institution se rattache au berceau du bouddhisme et à l'état nomade des mendiants de Çâkya, succédèrent, dans les monastères, les supérieurs spirituels et les précepteurs, dont je désire indiquer les fonctions, telles qu'elles sont formulées dans le *Vinaya* de la collection de Ceylan, la seule des deux collections indiennes qui possède la « Corbeille » proprement dite ou les cinq livres de la *Discipline* bouddhique[2]. Et, pour procéder avec méthode, parlons d'abord de l'institution du supérieur spirituel et de ses charges principales.

II

La circonstance à laquelle la tradition rapporte cette institution nouvelle nous montre qu'elle ne peut avoir été l'œuvre même du Bouddha ; cependant c'est au Bouddha que le Vinaya la fait remon-

[1] Dans notre brochure : *Les origines du bouddhisme* (extrait du *Correspondant* d'août 1861), p. 10.

[2] Voyez la traduction de ce Vinaya, par M. Gogerly, dans le *Journal of the Ceylon branch of the royal asiatic Society*, années 1845, 1855-8-9. On réimprime en ce moment à Colombo ce précieux recueil.

ter, comme il fait remonter, du reste, au fondateur, toutes les autres institutions. Cette circonstance, la voici. Un grand nombre de Religieux restaient sans instruction; ils étaient malpropres dans leurs vêtements; beaucoup demandaient l'aumône d'une manière peu digne, et, dans leurs conversations bruyantes, ne savaient plus tenir compte de la modestie et de la réserve qui, dès le commencement, dut caractériser les rapports des Religieux entre eux. Le peuple en était mécontent et exprimait hautement sa désapprobation. Quant aux Religieux demeurés modestes et graves, ils portèrent leurs plaintes au Bouddha, qui, ayant réuni l'assemblée, censura les délinquants, et, pour parer au mal dans l'avenir, permit ou décréta (ce qui est la même chose quand c'est le fondateur qui parle) que désormais il y aurait des « Supérieurs spirituels. » Aux termes du code disciplinaire, le « supérieur » doit regarder son « associé » comme son fils; l'associé doit considérer son supérieur comme son père; et la règle prescrit entre l'un et l'autre un admirable échange de respect et de déférence. Nul Religieux ne doit s'imposer à un autre Religieux comme son père spirituel ou son supérieur; nul ne peut se charger de cette fonction que sur la demande de celui qui veut devenir son associé. Le postulant doit se présenter lui-même au Religieux dont il sollicite la direction spirituelle. Il ouvre sa robe de manière à laisser une épaule découverte, il adore les pieds de son futur supérieur, c'est-à-dire qu'il se prosterne devant lui jusqu'à terre, et, agenouillé dans la poussière, les mains jointes et élevées, il fait cette courte prière : « Seigneur, deviens mon père spirituel ! » Si le Religieux manifeste son acquiescement d'une façon quelconque, un double lien est formé entre lui et le novice. Je dis le novice, quoiqu'il s'agisse d'un véritable Religieux à qui il ne manque plus que d'être instruit par son supérieur dans tous les devoirs de son état. Le nouveau Religieux est admirable de soins dans le service personnel du supérieur qu'il s'est choisi : toujours levé de bonne heure, il l'approche avec respect ; il lui apporte l'eau nécessaire ; il arrange son lit, balaye sa cellule, l'aide à s'habiller; sur sa demande, il place le vase aux aumônes entre ses mains, l'accompagne quand il sort dans le village, marchant respectueusement derrière lui ; évitant de laisser tomber ses regards sur les femmes, les hommes, les éléphants, les chevaux, les chariots et les soldats, ce qui donne au timide novice cet air béat par lequel le bouddhisme moderne remplace, à l'heure présente, l'antique modestie du regard et de la tenue que les légendes prêtent à l'envi aux premiers religieux de Çâkyamouni. D'un autre côté, les fonctions imposées par le Vinaya au jeune novice nous montrent comment la discipline finira par le transformer en un véritable domestique du supérieur, en attendant qu'elle en fasse le serviteur du monastère, dont il devra avoir plus tard (c'est ce qui se passe aujourd'hui au Tibet et en Mongolie) à garder les troupeaux et à traire les vaches. En retour de la filiale attention de son disciple, le supérieur est tenu à lui donner les conseils et l'instruction dont il a besoin, à l'environner de toute la sollicitude d'un père, soit en maladie, soit en santé.

Comme on le suppose aisément, tous les novices ne se montrèrent pas également fidèles, envers leurs supérieurs, aux devoirs que le Bouddha leur avait prescrits. Aussi la légende place-t-elle sur les lèvres du fondateur.cette décision nouvelle : « Le novice qui n'accomplit pas son devoir à l'égard de son père spirituel commet une faute qui requiert la « confession et l'absolution. » Et, comme beaucoup de novices persévéraient dans leur désobéissance, le Bouddha dut autoriser contre eux la « suspense. » D'après la loi, le supérieur prononçait la suspense en disant verbalement ou par signes : « Je te suspends; » ou bien : « Retourne à ta place; » ou encore : « Emporte ton vase aux aumônes et tes robes; » ou enfin : « Je n'ai nul besoin de tes services. »

Il faut lire en entier les règlements qui sont venus prendre place successivement dans la discipline bouddhique, concernant le noviciat, pour se rendre compte de la manière vraiment ingénieuse dont elle sut de bonne heure parer à tous les cas possibles. Ainsi voilà la suspense, mais il n'entrera pas dans l'esprit de la loi que le novice « suspens » puisse demeurer à tout jamais sous le coup qui le frappe. C'est pourquoi elle prête au Bouddha cette autre décision, à savoir que le religieux atteint par la suspense devra solliciter son pardon. Ne pas le faire, ce sera se rendre coupable d'une faute qui ne pourra être expiée que par la « confession et l'absolution. » Mais, et il est presque superflu de le dire, la loi de la suspense est allée plus loin dans ses prévisions; ou bien, pour parler selon le Vinaya, une circonstance nouvelle s'est présentée qui a forcé le législateur d'ajouter un article nouveau à cette loi. Le devoir du jeune novice suspens, nous venons de le voir, c'était de chercher la réconciliation. Or, dit la légende, il se rencontrait quelquefois des supérieurs qui refusaient aux novices le pardon demandé. Le fait fut rapporté au Bouddha, qui décréta que le pardon demandé serait toujours accordé. Ce décret, à son tour, ayant rencontré plus d'un récalcitrant parmi les supérieurs, qui étaient loin, paraît-il, d'être tous également faciles à pardonner aux novices rebelles mais repentants, ceux-ci, découragés de tant de dureté, abandonnaient la vie religieuse, ou allaient s'associer à d'autres communautés. C'est alors que le Bouddha fit entendre ces paroles : « Il ne convient pas, ô religieux! de refuser le pardon quand il est demandé. Un tel refus est sujet à confession. » Le dernier cas possible n'est pas moins facile à prévoir. Le lecteur le nomme avec moi, maintenant qu'il a vu avec quel scrupule la discipline bouddhique sait épuiser toutes les hypothèses que l'on peut établir au sujet de l'une ou de l'autre de ses prescriptions. Ce dernier cas, le voici : entre les mains de certains supérieurs malveillants la suspense devenait un moyen inique de frapper des innocents, tandis que plus d'un novice coupable demeurait impuni. De là le double commandement fait par le Bouddha aux supérieurs, de ne pas suspendre les novices qui accomplissaient leur devoir, de ne pas omettre, au contraire, de suspendre ceux qui le négligeaient; et l'infraction à cette double décision fut soumise à la même peine que les fautes précédentes.

Ce que je viens de dire de l'institution et du rôle des supérieurs me dispense de reproduire longuement ce que mentionne le Vinaya concernant les précepteurs institués, selon la tradition légendaire, un peu plus tard, pour remédier à la défection de certains supérieurs qui avaient fini par abandonner la vie religieuse, à la négligence de certains autres qui avaient laissé s'établir de grands désordres dans les couvents où les plus réguliers, parmi les moines chargés des novices, donnaient eux-mêmes le signal de la malpropreté ou de la fantaisie dans le vêtement. Disons seulement que les raisons pour lesquelles le novice encourait la suspense prononcée par le précepteur sont de nature à nous donner une haute idée de l'ancienne discipline des couvents bouddhiques, ainsi que des relations des Bhikchous entre eux; et, pour terminer ce que nous avions à dire sur les supérieurs et les précepteurs, indiquons la qualité indispensable que le Vinaya exigeait de tous ceux qui étaient appelés à se charger de conduire les autres dans la voie religieuse. Cette qualité éminente, merveilleuse, c'était, dans la vertu, dans la méditation, dans la sagesse, dans la délivrance du désir, dans la connaissance résultant de cette délivrance, c'était, dis-je, en toutes ces choses, une perfection si grande, si complète, si achevée, que toute instruction et tout conseil fussent devenus désormais, sous ces divers rapports, entièrement inutiles au père spirituel qui était investi de cette perfection admirable. Mais une telle perfection religieuse n'est-elle pas, se demande le Vinaya, une des prérogatives possédées exclusivement par les Rahats, c'est-à-dire par ceux qui sont délivrés des liens de l'existence? En présence de cette considération, le législateur était bien obligé de se dire, comme l'indique le Vinaya, que, durant de longs siècles encore, aucun Religieux n'atteindrait à cette perfection sublime, et que, si elle devait être obligatoire dans l'avenir, elle ne l'était pas dans le présent. Quelles seront donc les qualités requises des directeurs spirituels pour les premiers temps? Les voici, telles que le législateur est supposé les avoir tracées lui-même. Tout Religieux qui se charge d'en conduire d'autres doit être, premièrement, orthodoxe dans son enseignement ; deuxièmement, modeste et grave dans sa démarche ; troisièmement, diligent, soigneux, et, en toute chose, d'une haute sagesse ; quatrièmement, capable d'instruire ses élèves et de résoudre leurs doutes ; cinquièmement, très-familiarisé avec les règles de la discipline religieuse ; sixièmement, libre de toute censure, et, septièmement, engagé dans la voie religieuse au moins depuis dix années révolues.

Je n'ai pas besoin de faire remarquer à quelle distance des premiers siècles bouddhiques nous reportent déjà les règles disciplinaires qui viennent de passer sous nos yeux. Évidemment nous nous trouvons fort éloignés de la phase primitive, où l'entrée dans le bouddhisme n'exigeait guère des candidats que la foi au Bouddha et à sa doctrine. Cette orthodoxie dans l'enseignement, cette connaissance profonde des règles de la discipline religieuse, exigées des supérieurs et des précepteurs, requises même des simples religieux qui songeaient à s'affranchir de la tutelle du maître spirituel après cinq ans de noviciat; ces conditions, dis-je, signes manifestes et résultats certains d'une grande culture morale, nous montrent que la religion de Çâkyamouni était, à l'époque où elles furent établies, décidément maîtresse de ses destinées. Nos lecteurs s'en convaincront davantage encore, s'ils veulent suivre maintenant avec nous les développements progressifs des conditions imposées, non par le fondateur, comme le disent les légendes, mais par le bouddhisme et ses interprètes successifs, aux nouveaux adeptes qui venaient en foule solliciter le titre de plus en plus honoré et envié de Çramana et de Bhikchou. En effet, ces légendes, tantôt gracieuses et touchantes, tantôt fantastiques et bizarres, qui ont pris place dans le Vinaya, et dont chacune a la prétention d'indiquer aux naïfs disciples de Çâkyamouni l'occasion historique d'une nouvelle condition d'admissibilité, ne nous montrent-elles pas d'une manière saisissante la civilisation de plus en plus développée que rencontre le bouddhisme dans la société dont ses vœux le séparent, il est vrai, mais qui ne l'oblige pas moins de compter avec elle, avec ses lois, ses institutions, ses usages? Ce sont les principales conditions obligatoires imposées dans la suite au candidat pour être admis au rang de novice, que je voudrais faire connaître sommairement, en indiquant, à l'aide des légendes, à quelle occasion supposée le bouddhisme s'est plu à rattacher chacune des règles nouvelles de sa discipline. Commençons par les conditions physiques.

III

Ce chapitre est trop vaste et trop complexe pour qu'il nous soit possible de l'épuiser entièrement. Aussi nous laisserons de côté les empêchements qui viennent de certains défauts de conformation organique, par exemple : l'hermaphrodisme, la gibbosité des reins, l'enflure des jambes et du col, etc ; de certaines amputations chirurgicales, comme celle des pieds, des mains, du nez, des oreilles, des doigts, du pouce, etc. ; de certains signes flétrissants, en particulier de la marque due au fer chaud et des traces de la flagellation. Voici d'autres empêchements nombreux sur lesquels il serait également trop long de s'arrêter, et qui semblent être la contre-partie de la magnifique page de l'Évangile où il est dit : « Les aveugles voient, les boiteux marchent, les sourds entendent. » En effet, les empêchements dont je parle ici sont motivés, les uns par la cécité complète ou partielle, les autres par la marche boiteuse, ceux-ci par la surdité ; en un mot, toutes les infirmités possibles s'y trouvent mentionnées, sans grâce ni exception pour ces odeurs *sui generis* « qui s'exhalent de certaines personnes, dont le voisinage devient par là même peu agréable aux autres. » Nous ne signalons, non plus, qu'en passant, l'empêchement né de la couleur des cheveux, empêchement qui atteste une préoccupation bien puérile et surtout bien bizarre dans une discipline dont le premier précepte qui atteint le novice au seuil de la vie religieuse est de faire tomber sous le rasoir ses cheveux, sa barbe et ses sourcils, en signe de rupture avec le monde et de dédain pour toutes ses vanités. Toutefois ne taxons pas de bizarrerie et de puérilité l'attention que la discipline bouddhique apporte à la couleur des cheveux du postulant, sans avertir nos lecteurs que le bouddhisme a sa théorie à lui sur l'origine des cheveux, sinon sur la signification de leur couleur. Oui, le bouddhisme attache à la chevelure une idée de corruption morale ; à ses yeux, les cheveux sont une excroissance impure du cuir chevelu. La théorie est consolante, assurément, pour tous les fronts dénudés et pour toutes les têtes chauves. Mais ce que je reprocherais volontiers à la discipline bouddhique, dont les légendes font remonter à Çâkyamouni tous les préceptes et toutes les observances, ce serait moins encore la puérilité et la bizarrerie de l'empêchement qui nous occupe, que l'inconséquence dont il serait l'indice frappant dans l'esprit du réformateur indien.

2

En effet, ce sont les cheveux rouges principalement que répudie
le Vinaya, si j'en juge par les questions faites au candidat dans
le bouddhisme mongol. Or le préjugé contre les cheveux rouges est
un de ces préjugés brâhmaniques que le fondateur de la « loi pour
tous, » pour parler le langage qu'on lui prête, devait reléguer parmi
tant d'autres dont il avait su s'affranchir.

Des conditions d'admission qui regardent la conformation du corps
et la couleur des cheveux, nous n'avons qu'un pas à faire pour arriver à celles qui concernent l'exemption de certaines maladies graves
que le Vinaya indique et qu'il réduit au nombre de cinq. Je demande
la permission de les nommer. Ce sont la lèpre, les ulcères, les érup-
tions prurigineuses, la consomption et l'épilepsie. Aux termes de la
loi portée, suppose-t-on, par le fondateur du bouddhisme, tout postulant, atteint de l'un ou de l'autre de ces horribles maux, doit renoncer pour toujours à la dignité de Bhikchou. La vie religieuse lui
est rigoureusement interdite. Passons, je le veux bien, sur l'exclusion en elle-même ; nous aurons, d'ailleurs, l'occasion de nous en
occuper de nouveau ; mais demandons-nous si les raisons qui l'ont
inspirée et dictée sont bien celles que l'on supposerait le plus volontiers. Nos lecteurs vont en juger. A une certaine époque, raconte
la légende qui, dans la section du Vinaya, précède le nouveau décret, une peste horrible s'éleva dans la ville de Magahda, peste qui
se manifesta principalement par les cinq fléaux que nous nommions
tout à l'heure.

Un grand nombre de personnes atteintes par la maladie avaient le
plus grand désir de recevoir les soins du médecin de la cour. Elles
lui offraient tous leurs bien, et cela sans aucune réserve ; elles lui
offraient même de devenir ses esclaves, s'il voulait entreprendre leur
cure. A toutes ces demandes et à toutes ces offres le médecin du
prince répondait toujours que la chose lui était impossible, que tous
ses moments étaient entièrement absorbés dans les soins qu'il était
de son devoir, avant tout, de donner au roi, à la maison du roi, au
Bouddha et à ses Religieux, qui, faisait-il observer, étaient placés de
par le roi au nombre de ses clients officiels. Ce qui nous montre,
pour le dire en passant, que le bouddhisme, à l'époque où nous étudions sa discipline, avait déjà franchi les degrés du trône et jouissait,
dans une partie de l'Inde, de toutes les prérogatives d'une religion
d'État, entendues, il va sans dire, au sens païen. L'invariable réponse
du médecin de la cour et des monastères avait fini par donner à
quelques lépreux, à quelques phthisiques et à d'autres malades de ce
genre la pensée de se faire recevoir au nombre des Religieux bouddhistes, afin de pouvoir être traités, à ce titre, par le médecin du
roi. C'était encore l'époque où l'investiture bouddhique se donnait

de la manière expéditive que nous avons vue au commencement, quoique le pouvoir de recevoir les nouveaux candidats, qui devenaient chaque jour plus nombreux, fût passé, par une décision supposée du fondateur, aux mains des anciens Bhikchous. Les malades en question se présentent donc devant l'assemblée des ascètes. Ils demandent le rang de Religieux et l'obtiennent sans plus de formalité. Consacrés membres de l'assemblée du grand Mouni, ils étaient devenus, par le fait, les clients officiels du royal Hippocrate de Magahda.

Un de nos éminents historiens de la médecine antique en Orient, mon savant ami le docteur Briau, dans les recherches qu'il est en train de faire sur la science médicale de l'Inde, nous dira-t-il par quel procédé habile les malades de la légende qui nous occupe furent tous rendus à la santé? Quoi qu'il en soit, ces religieux improvisés ne furent pas plutôt guéris qu'ils abandonnèrent la robe jaune, le vase aux aumônes et le chapelet, laissèrent croître leurs cheveux et leur barbe, et dirent adieu à l'assemblée des Bhikchous. Or l'un d'eux fut un jour rencontré et reconnu par le médecin même qui l'avait si merveilleusement guéri. Celui-ci lui fit cette question : « N'étiez-vous pas Religieux? — Oui, répondit l'ex-bouddhiste, je l'étais précédemment, mais je n'avais sollicité le rang de Bhikchou que pour recevoir d'un habile médecin les soins nécessaires à ma guérison, et une fois guéri, j'ai abandonné la vie religieuse. » Le médecin du roi, fort affligé d'une semblable défection, alla s'en plaindre au Bouddha, le priant de fermer à jamais la carrière religieuse à tout postulant atteint de l'une des cinq maladies dont nous avons parlé. « Le Bouddha, ajouta la légende, apaisa l'esprit ému de ce médecin consciencieux, en lui faisant entendre de religieuses paroles. » Puis, après l'avoir congédié, il décréta devant ses moines réunis que quiconque ordonnerait à l'avenir un candidat affligé de l'une ou de l'autre des cinq maladies mentionnées serait passible de l'épreuve que nous connaissons déjà (la confession et l'absolution, *doukkâta, t'hullach-chaya*).

IV

Que les portes des monastères bouddhiques aient fini par se fermer devant des maladies horribles, contagieuses, irrémédiables, on le comprend d'une certaine façon. Cela ne nous en montre pas moins, cependant, une restriction déjà bien grande, introduite peu à peu dans le système d'abord si universaliste de la « bonne loi. » Cette restriction toutefois est beaucoup moins opposée au premier esprit du bouddhisme que celle qui avait eu pour causes, à une époque antérieure, diverses situations sociales dont nous avons maintenant à parler. Mentionnons d'abord l'esclavage. Je sais bien que si l'exclusion est prononcée contre l'esclave, ce n'est pas que le bouddhisme attache à ce mot le sens flétrissant qu'il devait avoir dans les sociétés modernes. Non, aux yeux du bouddhisme, l'esclavage n'est pas une condition vile, dégradante; seulement il regarde l'esclave comme le pécule du maître, et, par cette considération dont il n'arrive pas à comprendre l'erreur, il croit pouvoir dire à l'esclave : Je proclame le salut pour tous, mais parce que tu es la propriété d'un maître, je te place hors ma loi. De quelque point de vue que le bouddhisme regarde l'esclave, en le déclarant hors de la « bonne loi, » il glisse évidemment sur la pente de l'exclusivisme qu'il s'était d'abord donné pour mission de combattre. Quand je parle ainsi, je me reporte, par la pensée, des premiers âges bouddhiques au quatrième siècle après Jésus-Christ; et alors, quelle différence frappe mes regards! Dans les premiers siècles du bouddhisme, nous avions assisté à une scène touchante; je veux parler de la conversion de cette jeune fille de la tribu des Tchândalas, de cette caste Mâtanga foulée aux pieds par le brâhmanisme. Nous avions vu comment la douce Prakriti, c'était le nom de cette jeune fille, avait été admise par le Bouddha à la vie religieuse, elle pauvre esclave, qui n'avait pas osé, dans la crainte de le souiller de son contact, donner de l'eau à l'ascète Ananda, qui cependant lui demandait à boire en l'appelant sa sœur. Eh bien, dès le quatrième siècle de l'ère chrétienne, les Tchândalas n'avaient plus rien de commun avec la société bouddhiste dans l'Inde! Cet effacement progressif de l'antique esprit égalitaire du bouddhisme primitif n'empêchait pas cependant les prédicateurs de la « bonne loi » de faire entendre quelquefois des paroles consolatrices aux déshérités de la naissance, aux classes abjectes et méprisées. On sait la réponse presque évangélique d'un prédicateur bouddhiste à un roi de Ceylan, qui lui reprochait de prêcher la doctrine de Çâkyamouni à une race vile et impure : « La religion et ses consolations, dit le prêtre du Bouddha, sont communes à tous, même à ceux qui sont le rebut de ce monde. » Cette belle parole est d'autant plus étonnante qu'elle est prononcée sur une terre où le bouddhisme, par la concession la plus illogique, la plus opposée à son principe universaliste, avait admis, dès le commencement, la révoltante distinction des castes indiennes, se contentant d'en restreindre le plus possible les conséquences religieuses, sans se préoccuper des résultats politiques. Mais laissons le bouddhisme se brahmaniser, en quelque sorte, malgré lui et en dépit de la mission libératrice que le fondateur avait peut-être rêvée. Que pouvait faire de plus, pour l'idée divine de la confraternité universelle, une philosophie religieuse dont les généreux instincts et les nobles efforts n'ont eu pour guides ni la vraie notion de l'origine de l'homme et de ses destinées, ni l'Évangile du « Notre Père, » cette splendide révélation de l'égalité des hommes devant la loi de Dieu? Par le fait, on le voit, le bouddhisme primitif venait forcément échouer contre une institution sociale dont il était, en principe, la négation formelle, et l'on comprend qu'en subissant toujours davantage les exigences du dehors, il devait voir se rétrécir ainsi de plus en plus le cercle des postulants et des novices.

À ceux que le Vinaya a placés déjà hors de ce cercle, il se trouve bientôt obligé d'en ajouter beaucoup d'autres, parmi lesquels nous rencontrons les « soldats du roi; » et voici à quelle occasion le Vinaya rattache la nouvelle ordonnance, la faisant remonter, bien entendu, au Bouddha lui-même. Il s'était élevé des troubles dans les provinces du royaume de Magahda; le roi ordonna à ses troupes de les réprimer. Parmi les guerriers les plus célèbres de l'armée de Magahda, il s'en trouva quelques-uns qui se dirent : « Si nous nous plaisons à faire la guerre, nous nous rendons coupables de péché et nous allons assumer sur nous beaucoup de démérites; quel moyen prendre pour éviter de commettre ainsi le péché, et, en même temps, nous rendre capables d'accomplir des œuvres méritoires? »

Il faut le reconnaître, ce n'est pas devant un vain scrupule ni devant un motif frivole que les guerriers de Magahda s'arrêtent inactifs et anxieux, à l'heure où il faudrait prendre les armes et se mettre en marche contre les rebelles. Soyons justes et reconnaissants envers la philosophie indienne, quand elle nous offre des doctrines aussi élevées que celle qui se laisse apercevoir au fond des réflexions prêtées par la légende aux soldats de Magahda. Ces guerriers qui craignent de se rendre coupables d'un crime en donnant la mort, sur le champ de bataille, à des sujets révoltés contre leur souverain; ces guerriers, dis-je, ont-ils lu la *Bhagavadgîtâ* (le chant du bienheureux)? Je l'ignore, mais le sentiment de répulsion que leur inspire la pensée des combats meurtriers, quoiqu'il s'agisse d'une guerre légitime, nous reporte naturellement au trouble d'Ardjouna, qui ouvre le magnifique poëme que je viens de nommer. Les deux armées sont en présence, les flèches commencent à voler. A ce moment solennel, Ardjouna se trouble; il tombe dans une profonde mélancolie : « Mon arc s'échappe de ma main, dit le héros, ma peau devient brûlante; je ne puis me tenir debout, et ma pensée est comme chancelante... Quand nous les aurons tués, quelle joie en aurons-nous? Mais une faute s'attachera à nous si nous les tuons, tout criminels qu'ils sont. »

Je sais bien que la terreur d'Ardjouna, en présence de la lutte fratricide dont il s'agit, est excitée par un sentiment de pitié pour les siens et par la pensée d'une guerre impie en elle-même, mais je n'en vois pas moins dans son âme l'horreur que lui inspire l'effusion du sang humain sur le champ de bataille. Son divin interlocuteur, Krichna, ne s'y trompe pas, quand, répondant par un sourire aux larmes du guerrier défaillant, il expose devant lui, pour le rassurer, sa doctrine de l'irresponsabilité humaine, qui respire je ne sais quel panthéisme fataliste, cette doctrine « où le sage ne s'afflige ni à l'occasion des morts, ni à l'occasion des vivants, » où « il n'y a donc pas lieu de s'affliger à la pensée de donner la mort[1]. »

Mais revenons aux guerriers de Magahda. Ils s'affligent, eux, à la pensée de donner la mort; ils se demandent comment ils pourront du même coup éviter de se rendre coupables de péché en ne versant pas le sang des rebelles, et accomplir, pour leur propre compte, des « œuvres méritoires. » Or voici l'ingénieux moyen qu'ils vont mettre en usage : « Les prêtres sont des hommes bons et vertueux, se disent-ils, si nous entrions dans le sacerdoce, notre double vœu serait rempli. » Les Religieux de Çâkya, en effet, ne font point la guerre, et, en outre, ils se livrent à l'accomplissement des bonnes œuvres. Les guerriers vinrent donc se présenter à l'assemblée des Bhikchous et demandèrent à compter désormais parmi ses membres. L'assemblée leur ouvrit son sein, et ils reçurent immédiatement l'investiture. Quand le commandant en chef des forces royales s'informa où étaient les guerriers qui manquaient dans les rangs, on lui répondit qu'ils s'étaient faits Religieux. Grand fut le mécontentement du général en apprenant que les choses s'étaient passées de la sorte. Le cas était d'une gravité sans exemple. Le général alla le soumettre au roi de Magahda, Bimbisâra, et ne se fit pas faute de réclamer la peine capitale et contre les soldats qui avaient demandé le rang de Religieux et contre les Religieux qui leur avaient conféré ce titre. Nos lecteurs, au courant désormais de la marche des choses dans les légendes qui se proposent de donner les raisons des développements successifs de la discipline bouddhique, savent d'avance que le roi Bimbisâra va porter sa plainte au Bouddha et que le Bouddha prononcera un décret, en vertu duquel l'entrée de la vie religieuse sera fermée, dans la suite, à quiconque est à la solde du roi; mais il y a une chose à laquelle on s'attend moins, j'en suis sûr : je parle du motif détourné que le roi va faire valoir devant Çâkya pour suggérer au grand Mouni l'idée du décret en question. En effet, ce n'est pas au nom de ses propres intérêts, ni de ceux de l'État, qui a besoin d'une armée nombreuse pour se défendre contre

---

[1] V. la *Bhagavadgîtâ*, ou le *Chant du bienheureux*, poëme indien, traduit par M. Émile Burnouf (1861). C'est le poëme expliqué, cette année, dans la chaire de sanscrit, au collége de France, par M. Foucaux.

les agressions du dehors et contre les révoltes du dedans, non, —
c'est, en apparence, dans le seul intérêt des prêtres bouddhistes eux-
mêmes que le roi Bimbisâra sollicite le Bouddha de fermer ses cloi-
tres aux membres de l'armée : « Il ne manque pas de gens dans mon
royaume, dit le roi avec une ruse admirable, qui, étrangers à la foi
bouddhique, sont singulièrement disposés à injurier ses prêtres, il
importe donc beaucoup à ceux-ci de ne recevoir dans leurs couvents
aucun des hommes qui appartiennent aux forces du roi. » Le roi n'a-
t-il pas tout l'air de dire au Bouddha : — Prenez-y garde : vos Religieux, si populaires qu'ils soient dans mon royaume, ont cependant
besoin que mes soldats les fassent respecter à l'occasion. Or comment
le soldat protégera-t-il le Religieux, s'il se fait Religieux lui-même?

Il est superflu de faire remarquer que le décret disciplinaire dont
nous venons de parler montre, à sa façon, combien les idées bouddhiques avaient déjà jeté de profondes racines dans le pays de Magahda
à l'époque où il a été introduit dans les dispositions du Vinaya,
puisque les rois protecteurs de la religion nouvelle se voyaient eux-
mêmes obligés de poser des bornes à son extension. Du reste, cette
propagation rapide était singulièrement favorisée par les nombreux
priviléges dont le bouddhisme se trouva investi en devenant la religion
de l'État. Quand je parle ainsi, je n'oublie nullement ces irrésistibles
aspirations vers la vie bouddhique dont les légendes nous donnent de
si touchants exemples, que nous ne pouvons faire passer sous les regards du lecteur. Seulement, à côté de ces aspirations, nées dans
l'esprit d'un grand nombre à la pensée du Nirvâna, et entretenues
peut-être par le spectacle des vertus des premiers bouddhistes, se rencontrent bientôt des vocations équivoques qui viennent s'ajouter à
celles que nous avons déjà eu l'occasion de constater. Voyez cet insigne
larron devant lequel s'était ouverte un jour la porte d'un monastère.
Il avait endossé la robe du bouddhisme, il s'était fait recevoir
moine. Lorsqu'il sortait du couvent, les yeux modestement baissés,
selon la règle, et portant le vase aux aumônes, il produisait naturellement, dans les rues de Magahda, l'effet d'un forçat en rupture
de ban. « Le peuple était, dit la légende, alarmé et terrifié à sa vue,
et on fuyait loin des lieux où on le rencontrait. » Mais le peuple
n'était pas seulement épouvanté; il s'indignait de voir que, grâce à
son habit et à son titre de Bhikchou, un larron de cette espèce pût
circuler librement dans les rues et sur les places publiques. Les
murmures du peuple allèrent si loin que les Bhikchous en parlèrent
au Bouddha, qui songea enfin à exclure de son assemblée ceux que
les lois civiles avaient bannis de la société. Je n'ai pas besoin de dire
par quel motif ce larron célèbre s'était fait bouddhiste; il connais
sait les immunités dont jouissaient alors les fils de Çâkya. Il savait

l'ordre formel proclamé par le roi de Magahda de ne jamais faire, dans aucune circonstance, la plus légère violence à un religieux du Bouddha. Il avait embrassé le bouddhisme pour arriver à l'impunité. Ce que faisaient ainsi de grands criminels, des voleurs moins coupables cherchèrent à l'imiter. Un voleur, dit la légende, avait été jeté en prison ; mais, ayant brisé les portes, il s'évada et se fit recevoir Bhikchou pour ne pas être poursuivi. Il fut bientôt reconnu ; « mais, quand on venait à l'approcher, on se rappelait les ordres du roi, » et on avait grand soin de passer outre. Cependant le peuple murmurait et disait : « Ces fils de Çâkya ont le privilége de faire impunément tout ce qu'ils veulent ! Pourquoi aussi admettre au rang des Bhikchous des voleurs échappés de prison ? » De là le décret nouveau que tout le monde a deviné : « O prêtres ! aucun voleur qui aura brisé les portes de sa prison ne sera admis au titre de Religieux; celui qui consacrerait désormais Bhikchou un tel homme se rendrait coupable de, » etc. Les décrets changent, mais la formule est invariable. Sans qu'il soit nécessaire de les indiquer, vous voyez arriver là, à la file, tous les décrets du même genre, arrêtant au seuil de la communauté bouddhique tous les hommes flétris par une sentence judiciaire ou par un châtiment public, ainsi que tous les débiteurs insolvables. Pour le dire en passant, parmi ces derniers en particulier, le bouddhisme, en les abritant sous sa robe protectrice, aurait évidemment fini par recruter des adeptes en nombre trop scandaleux, en dépit des sincères efforts des créanciers pour les retenir dans la vie séculière..

De l'exclusion des débiteurs obérés à celle des gens que la fortune avait trahis et qui cherchaient à dissimuler, sous les dehors de la pauvreté volontaire, la pauvreté qu'ils avaient rencontrée sans l'avoir désirée, il n'y avait qu'un pas. Ne nous étonnons donc pas de voir la vie religieuse fermée par le Bouddha à ces riches appauvris qui venaient se mêler frauduleusement à l'assemblée des Bhikchous, sur les traces de cet homme dont nous parle la légende suivante. Un homme d'ancienne famille, qui avait été élevé dans les splendeurs du luxe, était tombé dans une extrême pauvreté et ne savait comment pourvoir à sa subsistance, complétement incapable qu'il était de se livrer à n'importe quel genre de travail. C'était l'époque où le bouddhisme commençait à se reposer à l'ombre des pénitences et des mortifications accomplies par ses premiers adeptes, l'époque où, par un relâchement progressif, le vœu de pauvreté et le vœu de ne vivre que d'aumônes n'empêchaient plus guère les tables du cloître de se couvrir d'une chère fort convenable et très-abondante. Or cet homme, riche autrefois, et maintenant réduit à une si profonde misère, voyait, dit la légende, que les religieux de Çâkya étaient bien nourris ; cela le détermina à se raser la tête et à prendre le costume des bouddhistes. Il revêtit donc la robe jaune, prit en main le vase aux aumônes et se rendit à un monastère voisin, où il se présenta comme un prêtre du Bouddha. Malheureusement, le moine improvisé était peu au courant des règles disciplinaires. Son inexpérience et sa gaucherie firent bientôt découvrir le stratagème. Le cas fut étudié par Oupâli et rapporté au fondateur, qui décréta, comme on le pense bien, que si quelque riche ruiné s'introduisait frauduleusement parmi les prêtres, prenant domicile dans un monastère sans avoir subi l'épreuve du noviciat, on ne l'admît pas à l'investiture, et que, s'il l'avait reçue, on l'expulsât de la communauté.

Tout le monde comprend assez aisément que des personnes riches, tout à coup devenues pauvres, aient eu la pensée de se créer un moyen de subsister en embrassant la vie religieuse; mais voici venir une nouvelle sorte de postulants peu attendue, je le suppose, au moins de ceux de nos lecteurs qui ne sont pas familiarisés avec le rôle immense que joue le mythe du serpent dans les religions de l'Inde et en particulier dans le bouddhisme.

V

Cette nouvelle sorte de candidats, dont j'ai à parler rapidement, ce sont les Nâgas; et d'abord, qu'est-ce que les Nâgas? Les Nâgas en question sont de gros serpents qui, dans la famille des vipères, appartiennent à la variété *cobra di capello*, et que les croyances indiennes investissent d'une puissance merveilleuse. Selon les légendes bouddhiques, où le Nâga tient une si grande place, sa nature, à la vérité, est celle du serpent, mais ce reptile venimeux peut prendre la forme humaine, et, sous cette forme empruntée, il lui est permis de vivre parmi les hommes, et même de se marier, s'il lui plaît.

La légende bouddhique a raison de nous avertir que, sous la forme humaine, le Nâga ne dépouille pas sa nature serpentine, autrement je craindrais bien de ne voir, dans ce reptile à face humaine, que le symbole trop fidèle, hélas! d'une triste réalité, et je me demanderais si la civilisation bouddhique en était venue déjà à entrevoir les instincts et les perfidies du serpent sous certains masques d'hommes. Mais étudions de plus près les légendes indiennes du mythe du serpent, afin de mieux comprendre comment les Nâgas ont pu compter au nombre des candidats exclus de la vie religieuse par la discipline bouddhique.

Si l'espace le permettait, j'aurais volontiers rappelé, à ce sujet, d'une manière étendue, la belle légende qui, dans les premières pages du *Mahâbhârata*, nous parle de cette douce jeune fille qu'un vieux solitaire avait recueillie dans son ermitage et élevée avec un soin paternel. « Avec le temps, dit le poëte, elle devint fort belle. » Elle fut demandée en mariage au vieux solitaire, qui n'hésita pas à l'accorder. « Or, quelques jours avant la cérémonie, la belle et vertueuse jeune fille, jouant avec ses compagnes, ne vit pas un serpent qui dormait devant elle, étendu sur la terre : elle posa le pied sur le reptile. Mordue par l'animal, Pradmavarâ (c'était son nom) tombe sur le sol, privée de l'éclat de sa beauté, sans couleur et sans vie. Elle n'est plus un objet de joie pour les siens... Elle est là gisante, les cheveux épars, inanimée.

« Elle dort sur la terre, cette jeune fille au corps délicat, qui cause « ma douleur. Quelle plus grande peine peut frapper les siens?

« Si j'ai fait l'aumône, si je me suis mortifié par des austérités, si « mes précepteurs spirituels ont été respectés par moi,

« En récompense de ces actions, que ma bien-aimée revienne à la « vie! Si depuis ma naissance j'ai été maître de mes sens et fidèle à « mes observances, que Pradmavarâ se relève à l'instant! »

Telles étaient les plaintes que le fiancé de la jeune fille mordue au talon exhalait de son cœur brisé, lorsqu'un « envoyé céleste » vint lui dire que vaines étaient ses paroles, « car la vie n'est plus pour celui qui a expiré et dont les jours sont finis. » Mais ici le serpent est l'être maudit, dont le genre humain redoute la présence terrible; c'est le serpent qui choisit toujours la femme pour première victime, rappelant en cela le serpent biblique. Où est donc le serpent qui veut se faire moine? C'est précisément pour y arriver plus tôt que je laisse inachevé le récit précédent, qui se termine par la résurrection de la jeune morte. En voici un autre où le lecteur verra que les serpents devenus moines, au dire des légendes indiennes, ne sont pas seulement les Nâgas dont nous nous occupons.

« Tous les serpents, mes frères, disait le serpent Çécha, nés de la « même mère que moi, sont des insensés; je ne puis demeurer avec « eux, et tu dois, Seigneur, admettre le motif qui me fait agir.

« Ils se calomnient les uns les autres, comme des ennemis; et moi, « je me livre aux austérités, pour ne pas les voir.

« Et moi, m'étant retiré dans ces austérités, je serai délivré de ce « corps, afin qu'étant mort, je ne sois plus en contact avec eux. »

Elle est belle et tout empreinte d'une mélancolie profonde, cette plainte du serpent qui veut mourir pour ne plus être témoin de la discorde de ses frères. Chacun le trouvera avec l'écrivain dont je viens de citer les paroles[1]. Or cette belle et mélancolique légende

---

[1] M. Pavie. Voyez ses *Observations sur le mythe du serpent chez les Hindous* (dans le *Journal Asiatique*, t. V, p. 469 et suiv.)

nous introduit directement à celle du Nâga devenu religieux de Çâkya, et elle servira peut-être à la rendre un peu moins étrange au premier regard.

Un Nâga, dit le légendaire du Vinaya, était profondément dégoûté d'appartenir à la race serpentine. Il se dit un jour : « Quel est le moyen expéditif de sortir de cet état et de devenir un être humain? » Il réfléchissait sur la pureté et la sainteté des prêtres bouddhistes ; il en concluait que, s'il pouvait être admis parmi eux et recevoir l'investiture, son vœu serait accompli. Il prit donc la forme d'un jeune homme. Il se rendit à un monastère et demanda d'y être admis. Son admission eut lieu sur-le-champ et sans difficulté. Après avoir reçu l'investiture, il se retira avec un autre prêtre dans une cellule située à l'une des extrémités du monastère. Mais il faut remarquer que les Nâgas ne peuvent conserver la forme humaine qu'autant qu'ils ont conscience de leur être. Vienne un sommeil assez profond pour leur faire perdre totalement l'idée de leur existence, et leur forme serpentine reparaît avec tout le développement qu'elle comporte.

Le religieux qui vivait dans la même chambre avec le Nâga devenu bouddhiste avait des habitudes matinales. Il se levait chaque jour dès l'aube et allait « respirer le grand air. » Jusque-là, depuis la veille, et on en comprend la raison, son compagnon se gardait bien de dormir. Ce n'était qu'au moment où il se trouvait enfin seul dans la cellule commune que le pauvre Nâga songeait à se livrer, à son tour, au sommeil. Il était à peine endormi, dit la légende, que le Bhikchou était redevenu serpent, et un serpent si réel et si bien un serpent Nâga, que ses énormes mais flexibles anneaux, mollement déroulés, remplissaient la cellule de fond en comble et retombaient en partie par la fenêtre. Or, un jour, le compagnon de cellule du Religieux Nâga rentra avant son heure ordinaire, et cela sans arrière-pensée; il ne s'était jamais douté que le moine qui partageait avec lui la même cellule fût, en réalité, une *cobra di capello*, l'un des plus gros serpents que nourrissent les forêts de l'Inde. Nul doute que ce fils de Çâkya n'avait jamais lu les légendes bouddhiques où il est dit que le roi et la reine des Nâgas chantèrent les louanges du grand Mouni et lui offrirent des fleurs et des parfums au moment solennel où il devenait Bouddha; car, en ouvrant la porte de la cellule, à la vue de l'immense reptile, il fut frappé d'épouvante. L'alarme gagna bientôt tout le monastère, et le serpent Nâga s'étant réveillé, il reprit, bien entendu, en toute hâte, la forme humaine. Questionné par les anciens du monastère, il établit carrément qui il était, et indiqua les raisons qui lui avaient inspiré le désir de se faire moine. Les religieux informèrent le Bouddha de ce qui s'était passé. Le grand Mouni réunit l'assemblée des Bhikchous. Il dit au Nâga que son désir de devenir moine ne pouvait être accompli, mais que, s'il se montrait fidèle observateur des jours célébrés par le bouddhisme, il pourrait sortir de la race des serpents et naître enfin avec une nature humaine. Puis vient le décret qu'il est superflu de citer, en vertu duquel, parmi les questions adressées à ceux qui viennent demander le rang de Religieux, il y aura désormais celle-ci, consignée dans le Vinaya : « Êtes-vous un être humain? »

De l'exclusion décrétée contre les Nâgas, ces serpents moitié hommes, moitié reptiles, non-seulement dans les légendes du bouddhisme, mais dans les bas-reliefs dus à sa statuaire, qui aime à les coiffer de la tiare, à les orner de pendants d'oreilles, de colliers et de bracelets; de cette bizarre exclusion, dis-je, qui vient de nous montrer l'esprit bouddhique sous un de ses aspects les plus indiens, j'ai hâte de passer aux règles disciplinaires et aux conditions d'admissibilité qui concernent l'âge du candidat et le consentement de sa famille.

VI

Ici encore, à côté des tableaux les plus touchants, que de choses bizarres, fantastiques, fort capables assurément de déconcerter un lecteur européen peu familiarisé avec les idées purement bouddhiques! Le bizarre et le fantastique sont essentiellement dans le goût bouddhiste. Il faut donc en prendre son parti. C'est chose utile surtout dans ce que nous avons à dire d'abord sur l'âge requis, par le Vinaya, chez les aspirants, pour être admis à la vie religieuse. On en jugera par le fait que voici. Un jeune homme s'était présenté à l'assemblée des Bhikchous. On lui avait demandé son âge; il avait répondu qu'il avait vingt ans. « On l'admit à l'ordination. » Seulement le jeune candidat, par un innocent stratagème, avait fait partir la supputation de ses années du moment de sa conception. En d'autres termes, il faisait entrer dans le chiffre d'années qu'il alléguait les neuf mois passés dans le sein de sa mère, de telle sorte, dit la légende, « qu'il n'avait pas vécu vingt années depuis sa sortie des entrailles maternelles. » Que faire en pareille circonstance? Le Bouddha n'avait-il pas formellement prescrit que « personne ne recevrait l'ordination avant l'âge de vingt ans accomplis? » Bref, les doutes les plus graves s'élevèrent « sur la validité » de l'investiture donnée à ce jeune et trop zélé Bhikchou. Comme toujours, le cas fut soumis au Bouddha, qui, avant de porter le décret nouveau que l'on devait rattacher à cette circonstance, se crut obligé de faire appel à ses connaissances embryologiques. L'embryologie bouddhique, il ne faut pas s'y tromper, a ses vues et sa théorie à elle; on le verra à propos de la légende de la conception du Bouddha lui-même dans le sein de la vertueuse Mâyâ Dêvi, cette femme « aux qualités assez élevées, aux austérités assez grandes, d'une pureté assez resplendissante, » pour devenir la mère du futur fondateur de la « bonne loi. » Nous le verrons en parlant de la conception des Bôdhisattvas, quand nous aurons à discuter l'opinion (venue des Mongols probablement) que la mère de Çâkyamouni était vierge en recevant dans son sein ce fils descendu, dit la légende, du ciel des dieux Touchitas, pour arracher le monde à son sommeil et à sa triste destinée. Il nous suffit de dire en ce moment que le Bouddha, en présence du cas qui était soumis à son appréciation souveraine, décida que « l'ordination pourrait être reçue vingt ans après la conception; » et la raison que le fondateur en donne est celle-ci : « La première pensée et la première perception de l'enfant, dit-il, sont produites dans le sein de la mère; dès le sein de la mère il y a donc, pour l'enfant, naissance ou commencement de vie. » En portant le décret en question, le Bouddha se rappelait-il que, « dans le sein de sa mère Mâyâ Dêvi, « son corps était brillant, « bien proportionné, agréable à la vue, beau comme l'or embelli de « lapis-lazuli, » assez radieux pour « illuminer tout le corps de sa « mère, et tout siége où elle se repose, puis toute la demeure, puis « l'orient, le midi, le zénith, le nadir, enfin les dix points de l'es- « pace? » Les légendes ne nous le disent pas. En revanche, elles nous montrent des enfants voués à la vie religieuse même avant leur conception. Voyez ces femmes qui pleurent depuis longtemps sur une triste stérilité qu'elles supposaient irrémédiable; voyez-les vouer et consacrer leurs enfants devant l'idole du Bouddha, ce qui nous reporte loin, je l'avoue, des origines du bouddhisme. Entendez-les offrir d'avance le futur fruit de leur sein, si elles doivent trouver la fécondité dans ce vœu si touchant, quoique aveugle; or la fécondité est venue, elle a couronné un légitime désir et fait disparaître un opprobre immérité. Qu'arrive-t-il alors? La mère bouddhiste, voyez-la se faire gloire de donner suite à ses engagements. Le petit enfant qu'elle couvre de ses baisers, elle l'appellerait volontiers son petit Bhikchou. Au fait, il ne manque à cet enfant à la mamelle que la robe jaune, le vase aux aumônes, le chapelet et la large tonsure pour être un Bhikchou au berceau, un moine bouddhiste en miniature. Mais tout cela doit venir en son temps, et alors la robe du reclus pèsera peut-être bien vite au jeune novice qui l'aura ainsi revêtue sans l'avoir désirée, de par le vœu de sa mère. Toutefois la mère, sous ce rapport, n'aura rien à redouter; elle n'aura point à craindre d'avoir condamné d'avance la vie de son fils aux noirs chagrins, aux regrets amers. En effet, quand le nouveau Religieux le voudra, est-ce que les mêmes portes du monastère qui se sont fermées derrière lui, sur la présentation et la demande de sa mère, il ne les verra pas s'ouvrir devant ses pas, qu'il sera libre de diriger vers le monde? Il y a plus. Si nous prenons les choses aux époques modernes, ce fugitif du cloître rencontrera tout autour de lui des laïques qui ont commencé par l'état religieux. L'initiation bouddhique, chez beaucoup de nations, n'est-elle pas devenue un honneur pour tous, un honneur recherché par les fils des rois non moins que par les fils du peuple? Ajoutons que la liberté accordée au religieux bouddhiste de laisser croître ses cheveux et sa barbe, de déposer la robe jaune, de se séparer du vase aux aumônes, en un mot, de sortir du cloître et de dire adieu à la vie mendiante, repose sur les plus larges bases. Cette liberté, effectivement, est accordée non-seulement à ceux qui se confessent incapables de mener plus longtemps la vie continente; elle est accordée, en outre, pour mille raisons beaucoup moins graves, beaucoup moins péremptoires. Aux termes de certaines dispositions moins anciennes du Vinaya, le Religieux, pour obtenir la liberté de rentrer dans la vie séculière, n'a qu'à dire, par exemple : « Je suis incapable de gouverner mes tendances sensuelles; » ou : « Je suis trop orgueilleux pour me soumettre aux règles du monastère; » ou : « Je désire retourner à l'agriculture ou à telles autres occupations; » ou bien : « J'ai des parents ou des amis pauvres à soutenir et à faire vivre; » ou bien encore : « Je veux vivre en simple disciple du Bouddha; » ou enfin : « Je veux embrasser une autre religion. » Ce n'est pas tout encore. Le Vinaya porte la déférence disciplinaire jusqu'à dire que le moine qui est sorti librement de la communauté y pourra rentrer librement, s'il se sent de nouveau le goût du monastère et s'il a conquis les vertus nécessaires pour supporter une règle autrefois trop lourde. Eh bien, pour en revenir à la condition d'âge, le bouddhisme, tout en se montrant prêt à ouvrir les portes de ses monastères à ceux de ses fils qui voudraient en fuir le seuil, a fini par exiger que l'on ne fût admis à l'investiture qu'à l'âge de vingt ans accomplis. Voici à quelle curieuse circonstance la légende rattache ce décret, dont celui qui précède n'est, dans le Vinaya, qu'un simple corollaire.

Il y avait à Radjagriha dix-sept enfants que l'amitié avait réunis. Le plus important personnage de ce groupe de jeunes amis était Oupali, appelé à jouer un si grand rôle dans les légendes bouddhiques. Les parents d'Oupali se préoccupaient beaucoup de donner à leur fils une profession qui pût lui permettre de gagner sa vie après leur mort. Ce détail légendaire ne nous ramène-t-il pas en plein dix-neuvième siècle et dans notre prosaïque Occident? Mais pourquoi interrompre le récit? Les parents d'Oupali eurent d'abord la pensée de le faire écrivain; seulement ils se rappelèrent que l'écriture fatigue les doigts. L'idée leur vint alors de le faire professeur d'arithmétique; mais cette profession leur sembla préjudiciable à la poitrine de l'enfant. Quelle sera donc sa profession? La peinture, peut-être? Les parents y songèrent en effet; seulement la peinture captive trop la vue. C'est alors que le père et la mère d'Oupali réfléchirent sur les qualités qui distinguent les bouddhistes. S'il n'y avait que cela, je les louerais tous deux, je l'avoue. Mais ce que j'aime moins, c'est de voir les parents d'Oupali se dire ensuite : « Les fils de Çâkya sont des hommes vertueux, voilà un premier motif de faire entrer notre fils dans leur communauté; un autre motif, une autre raison qui doit nous rendre très-désirable son entrée parmi les prêtres du Bouddha, c'est que ce sont gens bien nourris et confortablement logés. » Le jeune Oupali entendait tout ce que ses parents, à la recherche d'une position pour lui, se disaient ainsi à son sujet. L'idée à laquelle ils s'arrêtèrent était toutefois de son goût. Il la communiqua à ses seize petits amis et leur proposa à tous de se faire prêtres. « Si vous-même, vous vous faites Bhikchou, Oupali, nous nous ferons Bhikchous aussi, » répondirent-ils; et chaque enfant de demander à ses parents la permission d'entrer au monastère.

Les parents, dit la légende, acceptèrent de grand cœur la détermination de leurs enfants et les présentèrent aux prêtres bouddhistes, « qui les consacrèrent d'abord novices, et, immédiatement après, leur conférèrent l'ordination. » Les choses, comme on le voit, avaient marché rapidement. Aussi attendez la suite. Pendant la nuit, l'inquiétude s'empara des pauvres petits Bhikchous. Leur courage n'était pas à la hauteur de leur dignité. Chacun avait peur dans sa noire cellule. Ce qui était encore moins en harmonie avec leur titre, c'était leur estomac, trop peu formé à la règle qui veut que l'on ne mange qu'une fois le jour, et que le repas unique n'ait pas lieu avant midi. Tous ces petits moines criaient dans les ténèbres, les uns, après leur eau de gruau, les autres, après leur coulis. Les anciens du monastère cherchèrent bien à rétablir la paix, mais, ajoute la légende, ce fut sans succès. Or, tout ce vacarme d'enfants qui avaient peur, qui avaient soif et faim, le Bouddha lui-même l'avait entendu. Il voulut en savoir la cause. Ananda l'informa de ce qui s'était passé; sur quoi le fondateur assembla les prêtres et leur intima l'ordre de ne conférer dorénavant l'ordination qu'à des novices de vingt ans au moins. « Comment voulez-vous, ajouta-t-il, que des Religieux au-dessous de vingt années soient capables de supporter les dures privations qu'entraîne la règle? »

Mais il ne faut pas confondre ce rang de Bhikchou avec les premiers degrés du noviciat bouddhique. Nous verrons tout à l'heure la porte du monastère s'ouvrir devant de tout petits enfants qu'on y recueille à des titres divers, quelques-uns notamment pour chasser les corneilles. Voici, à ce sujet, deux petites anecdotes légendaires que je ne me résigne pas à rejeter avec tant d'autres que le temps et quelquefois les convenances m'empêchent de placer sous les yeux du lecteur. Dans la première anecdote, c'est presque toute une famille emportée par l'une de ces terribles épidémies dont les légendes indiennes font si souvent mention. De cette malheureuse famille, il ne restait plus que le père et un petit garçon. Tous deux se firent prêtres, dit la légende, c'est-à-dire que l'un fut admis au rang de Bhikchou, l'autre au rang de Çrâmanêra (novice), et ils se mirent à mendier ensemble leur nourriture, selon la prescription du couvent. Or, quand on donnait quelque chose au Bhikchou, voici ce qui arrivait : le petit Çrâmanêra, marchant à côté de son père, tendait vers lui son vase aux aumônes en disant : « Père, donne-m'en un peu ! Père, donne-m'en un peu. » Mais le peuple avait un regard sévère pour les Bhikchous ; on ne se faisait pas faute de contrôler leur conduite et ce n'était jamais à une interprétation bénigne de leurs actes que l'on avait recours quand ces actes équivoques donnaient prise à la censure. Le peuple donc, observant ce qui se passait entre le Bhikchou et le petit Çrâmanêra et voyant que celui-ci agissait avec celui-là comme un enfant agit à l'égard de son père, le peuple, dit la légende, murmurait et jetait, à ce propos, le reproche d'incontinence à « ces fils de Çâkya, » comme il les appelait quelquefois par mépris. — Cet enfant, ajoutait-on, est le fruit de quelque *Bhikchouni* (religieuse mendiante). — Pauvre petit Çrâmanêra, je le plains de passer ainsi aux yeux de la foule pour le fruit du crime, lui qui est là attaché aux pas et à la tunique de ce digne Bhikchou, son père légitime, lui dont la mère, les frères et les sœurs avaient été moissonnés par un horrible fléau, au sein des joies domestiques les plus honorées.

Mais si la calomnie se rue ainsi contre les fils de Çâkya, une époque devait venir, hélas! où les mœurs du monastère bouddhiste, de relâchement en relâchement, allaient donner raison aux soupçons de la foule. Nous le verrons quand le moment sera venu, et nous ne dirons rien à ce sujet, qui ne puisse être justifié par des témoignages désintéressés et irrécusables. En attendant, on comprendra que, justement indignés de l'odieuse imputation dont notre petit Çrâmanêra, en suivant son père, était la cause innocente, les Bhikchous en aient référé au Bouddha et que le grand Mouni ait cru devoir régler qu'à l'avenir on n'admettrait plus de petits enfants au-dessous de cinq ans dans les monastères, « sous peine de confession et d'absolution » encourue par les Religieux contrevenants.

Mais cette règle subsistera-t-elle longtemps sans exception, sans adoucissement, dans cette religion bouddhique si amie de tout ce qui est petit et faible? Le supposer, ce serait peu connaître la tendresse d'entrailles prêtée au Bouddha par les légendes, qui auraient volontiers placé sur ses lèvres le « Laissez venir à moi les petits enfants, » si la feuille de l'Évangile où se lit le mot divin était tombée sous les regards de leurs rédacteurs enthousiastes.

En effet, et j'arrive à la seconde anecdote, non moins touchante que la première, et où se montre à nous toute la tendre bienveillance qui fait le fond de l'esprit bouddhique, — comment priver les petits enfants que voici de la douce habitude qu'ils avaient, dit la légende, de voir les prêtres du Bouddha et de les servir? Ne voyez-vous pas que cette privation leur est si cruelle et si amère qu'ils pleurent et sont inconsolables? En outre, ces deux petits enfants, pour ne parler que de ceux-là, ces deux petits servants du moine Ananda sont deux pauvres orphelins, laissés tels, hélas! par une famille victime de la peste, comme la précédente, mais victime tout entière, à part ces deux petits garçons, qui n'ont d'autre abri à espérer sur cette terre marâtre que le cloître hospitalier déjà ouvert à tant d'infortunes. D'ailleurs, Ananda, ce cousin et cet *alter ego* de Çâkyamouni, dont le nom revient à toutes les pages des légendes bouddhistes avec ceux de Kaçyapa et d'Oupali, Ananda ne laissera pas ses deux petits servants à la merci du sort. Désireux de les préserver « du contact du monde » et de les admettre dans la communauté bouddhique, il s'adresse directement au Bouddha, et sollicite une exception à la règle récente en faveur de ces deux petits orphelins âgés de moins de cinq ans. Nous avions bien raison de penser que le décret précédent s'adoucirait à l'occasion. Seulement il faut une raison étrangère à la triste condition où se trouvent réduits les deux enfants sans famille pour permettre au Bouddha d'enfreindre à leur avantage une ordonnance portée hier. « Ces enfants, demande le Bouddha, sont-ils capables de chasser les corneilles? » Ananda répondit affirmativement. La raison cherchée était trouvée. Le Bouddha convoqua ses prêtres, et, devant l'immense assemblée, il dit : « O prêtres! je vous permets d'admettre maintenant des enfants âgés de moins de cinq ans dans nos cloîtres, pourvu qu'ils soient capables de chasser les corneilles; » sans doute au profit des jardins conventuels. On voit comment le bouddhisme, tantôt resserre, tantôt élargit le cercle des postulants admissibles. Nous voyons toutefois que les décrets qui l'agrandissent sont de beaucoup moins nombreux que les décrets contraires, et qu'en définitive le grand et unique moyen de parvenir à la délivrance finale, au fortuné Nirvâna, tombe de plus en plus dans une sorte de monopole passablement brâhmanique. Nonobstant cet exclusivisme croissant, la religion de Çâkya comptait désormais ses adeptes en si grand nombre, notamment à Radjagriha, où le Bouddha avait passé l'année, que les habitants, dit la tradition « se plaignaient de voir les places publiques tout obscurcies par les milliers de Religieux qui s'y pressaient. » Informé de ces murmures, le fondateur pensa à visiter une autre ville, et il fit annoncer aux Religieux que ceux d'entre eux qui le désiraient pourraient l'y suivre.

Ce n'étaient pas seulement les habitants de Radjagriha qui murmuraient à la vue de leur opulente ville littéralement couverte de moines mendiants. Des plaintes amères et quelquefois menaçantes partaient fréquemment du sein des familles désertées par les fils devenus Bhikchous. La désertion du foyer paternel, du toit conjugal, avait dû être d'abord en faveur singulière dans une religion dont le législateur n'avait jeté les fondements qu'en s'arrachant lui-même furtivement aux prières d'une cour qui l'aimait, aux supplications d'un père courbé sous le poids des années, aux larmes d'une épouse qui allait lui donner un fils (on se rappelle le départ nocturne, clandestin et précipité de Siddharta, tel que le raconte la légende).

Chose singulière ! c'est le père du Bouddha lui-même que les légendaires du Vinaya feront un jour intervenir pour supplier le réformateur de fermer ses cloîtres aux postulants non munis de l'agrément de leurs parents. La légende est assez curieuse pour mériter d'être citée.

Le Bouddha était venu de Radjagriha à Kapilavastou, sa ville natale, où vivaient Gôpâ et Rahoula, l'épouse et le fils qu'il avait laissés pour se faire solitaire et se préparer ainsi à son rôle de réformateur. La mère de Rahoula envoya le jeune prince près du grand Mouni : « Votre père est venu, lui dit-elle, allez lui demander votre héritage.» Rahoula se rend auprès du Bouddha son père : « Douce et bienfaisante est votre ombre, lui dit l'enfant, ô Çramana ! » Le Bouddha se leva alors de son siége et partit ; mais Rahoula le suivit en disant : « O Çramana ! donne-moi mon héritage ! » Alors le Bouddha appela Çaripouttra et lui dit d'admettre le jeune prince dans l'Assemblée des Bhikchous. Çaripouttra demanda de quelle manière il l'ordonnerait ; sur quoi le Bouddha assembla les prêtres et prescrivit cette forme d'ordination : « Il faut d'abord raser la chevelure et la barbe du candidat, ensuite le revêtir de la robe jaune, en laissant une épaule découverte. Alors le candidat adorera les pieds des prêtres, s'agenouillera, et, les mains jointes, il dira trois fois : « Je me réfugie dans le Bouddha, je me réfugie dans la Doctrine, je me réfugie dans l'Assemblée. » Tel fut le mode d'ordination du jeune prince. Mais, en devenant Religieux, il portait un nouveau coup au vieux roi Souddhodana, le père du Bouddha. C'est alors que Souddhodana vint lui-même trouver son fils. Après l'avoir adoré, il lui dit : « J'ai à te demander une grâce. Quel amer chagrin n'ai-je pas éprouvé quand tu as quitté mon palais pour aller t'ensevelir dans la solitude! Et voici que l'ordination de Rahoula, mon petit-fils, que j'aime de la plus tendre affection, me jette dans une douleur non moins poignante! Ah! du moins, à l'avenir, ô mon fils! n'admets aucun candidat dans ton assemblée, sans le consentement de ses parents. » Le Bouddha consola son père en lui expliquant sa doctrine. Puis il porta un décret conforme à la prière du vieux roi.

C'est ce nouveau décret, inscrit dans le Vinaya, qui nous donne la clef de la légende de Rattapala, l'une des plus belles, à mon avis, de la littérature bouddhique. Je la citerai, en l'abrégeant, pour couronner ce que j'avais à dire touchant le consentement des familles exigé de bonne heure par le bouddhisme.

Un jeune homme d'une bonne famille s'était dit : — Si j'ai bien compris la doctrine prêchée par le Bouddha, il est extrêmement difficile à un homme de rester dans sa famille et de se maintenir au degré suprême de la perfection et de la sainteté. Du reste, l'homme, en quittant cette terre, n'emporte avec lui ni ses enfants, ni ses femmes, ni sa santé, ni ses biens. Il n'est pas jusqu'au vêtement dont ses amis ont enveloppé son corps après sa mort qui ne devienne la proie des flammes sur le bûcher. Quand un homme est en présence de la mort; quelle protection peut-il trouver dans ses connaissances, ses amis ou ses parents? Celui qui meurt n'est accompagné que de ses mérites et de ses fautes; il ne peut se faire suivre de rien de plus. Quant à la santé, elle n'est une garantie ni contre la vieillesse, ni contre la mort, et la vie dure peu. La mort, tous les hommes la rencontrent également, le riche et le pauvre, le sage et l'insensé. Personne n'échappe à son fatal embrassement. L'insensé tremble à son approche; le sage la voit arriver sans s'émouvoir. La sagesse vaut donc mieux que la santé; de tous les biens elle est le premier. Elle est le moyen le plus puissant de détruire les désirs mauvais et de s'élever à la pureté. L'attachement aux objets sensibles est cause de beaucoup de dangers; c'est un obstacle à la conquête du Nirvâna. Donc, ce que j'ai à faire, c'est de revêtir la robe jaune, c'est de quitter la vie de famille et de me faire Religieux sans habitation. —

Le jeune homme, après avoir ainsi réfléchi, pria le Bouddha de l'admettre à « l'ordination complète. »

— Jeune homme, lui dit le grand Mouni, avez-vous obtenu le consentement de votre père et de votre mère? Vous permettent-ils d'abandonner la vie de famille et de vous faire ainsi Religieux sans habitation? —

— Non, Seigneur, répondit le jeune candidat (sans chercher, paraît-il, à s'autoriser de sa majorité); mais, ce consentement de mes parents, je ferai en sorte de l'obtenir. —

Rattapala se leva de son siége, adora le Bouddha et s'éloigna pour aller demander à son père et à sa mère le consentement exigé par la nouvelle loi bouddhique.

— Rattapala, lui dirent ses parents, vous êtes notre fils unique et bien-aimé; en vous est notre joie. Rien n'a manqué à votre éducation, ni la splendeur d'une noble condition, ni les sollicitudes d'un père et d'une mère pleins de tendresse; vous n'avez jamais connu le chagrin. Venez donc, Rattapala, mangez, buvez, jouissez des plaisirs des sens; accomplissez des actes méritoires, habitez ici dans le bonheur. Nous ne consentirons jamais à vous voir quitter notre demeure pour devenir Religieux sans habitation. La mort seule pourrait vous séparer de nous. Pourquoi, tant que vous serez vivant, vous permettrions-nous d'abandonner votre père et votre mère et de vous consacrer à la vie mendiante? —

Une seconde et une troisième fois, le jeune homme renouvela sa prière dans les mêmes termes respectueux et reçut la même réponse.

C'est alors que, s'étant jeté sur la terre nue, dit la légende, Rattapala désespéré s'écria : « C'est la mort ou le sacerdoce qui viendra me prendre ici ! » Et ses parents de faire entendre à ses oreilles les mêmes reproches doux et tendres et de chercher de nouveau à le séduire par l'appât des jouissances qui l'attendent au milieu de sa famille : tables somptueuses, breuvages exquis, sans oublier le « harem. » Mais le jeune postulant demeure étendu sur la terre desséchée et garde le silence.

De plus en plus éplorés, son père et sa mère l'interrogent une seconde et une troisième fois : nulle réponse. Et nous ne venons d'entrevoir que la première partie de ce drame émouvant autant que curieux et singulier, où le monde asiatique se révèle à nos regards sous un aspect si nouveau. Le paganisme nous avait peu préparé à ce phénomène religieux qu'on pourrait appeler la vocation bouddhiste, si ce n'était pas profaner un mot qui n'a rien de commun avec la touchante obstination dont la légende de Rattapala nous offre le spectacle.

Dans la seconde partie du drame, voici venir les jeunes amis de Rattapala. Ils ont été envoyés auprès de lui par ses parents pour le décider à se lever de cette dure couche qu'il s'est faite sur le sol aride. Ils tiennent devant lui les mêmes discours que la légende a déjà placés sur les lèvres du père et de la mère. « Vos parents, ajoutent-ils, ne veulent être séparés de vous que par la mort. Jamais ils ne vous permettront de quitter leur maison et de prendre la robe de moine. » Vainement ils reviennent trois fois à la charge, les amis de Rattapala n'obtiennent de lui aucune réponse. Ils se rendent alors auprès de sa famille, dont l'anxiété est à son comble : — O père! ô mère! disent-ils, votre fils est là, gisant sur la terre nue; une seule parole s'échappe de ses lèvres : « Ou mourir ici ou être Religieux! » Si vous ne donnez pas votre assentiment à son entrée dans le bouddhisme, il mourra là où il est étendu, mais si vous le laissez s'éloigner, quand il aura pris rang parmi les Religieux vous le reverrez. Que la profession de Bhikchou vienne à lui déplaire, il laissera croître ses cheveux et sa barbe et reprendra la vie séculière. Donnez-lui donc votre consentement. —

L'espoir de revoir quelquefois leur fils, quand il aurait pris la robe jaune, détermina les parents du jeune homme à consentir enfin à son entrée dans la communauté de Çâkya. Mais ils ne donnèrent pas le consentement désiré sans poser nettement la condition que ceux qui allaient le recevoir Bhikchou le laisseraient libre de venir revoir de temps en temps la maison paternelle.

Toutefois le père du nouveau bouddhiste conserva au fond de son cœur un profond ressentiment contre les moines de Çâkya. Jamais il ne les voyait passer de près ou de loin sans s'écrier : « Les voilà, ces têtes rasées qui ont fait de mon fils chéri un mendiant sans abri! » Les Bhikchous qui venaient présenter à sa porte le vase aux aumônes ne recevaient, en guise d'offrandes et de louanges, que des paroles de mépris. C'est ce qui donne lieu, dans la légende de Rattapala, à des scènes touchantes qui se passent entre le jeune homme, demeuré fidèle à la religion bouddhique, et ses parents, dont le vœu ardent, malgré le consentement qu'ils ont donné, est de voir leur fils laisser croître sa tonsure et reprendre la vie séculière.

Dans la dernière partie du drame, que je passe sous silence pour ne pas être trop long, la légende fait de Rattapala, non plus seulement un Religieux inaccessible aux séductions les plus impérieuses pour une nature orientale, elle le transforme en un convertisseur ardent, qui, par son éloquence et ses hautes idées sur les vanités de ce monde, recrute des Religieux mendiants même parmi les rois.

Le bouddhisme, je l'ai déjà fait entrevoir plus d'une fois, est une religion de propagande bien plutôt que de lutte et de résistance, surtout dans ses développements ultérieurs. Il s'est de bonne heure montré fort habile. Appuyé sur son esprit de plus en plus éclectique, parti d'un grand amour de la paix, il s'est laissé facilement pénétrer par des idées étrangères à ses idées, il a de moins en moins trouvé bon de faire la guerre aux usages locaux et de tourner le dos aux exigences sociales. Laissons-le donc compter, selon qu'il le juge à propos, avec les exigences du milieu où il a pris naissance et d'où son œuvre s'est répandue si loin. Au surplus, serait-ce à la religion de l'erreur que nous reconnaîtrions le droit de fermer l'oreille aux plaintes des familles que le départ furtif de leurs enfants a plongées dans un deuil amer?

Nous ferons seulement remarquer dans quelles nouvelles contradictions tombe le bouddhisme en excluant de sa communauté les postulants que réclament les affections de leurs familles. Ne se met-il pas ainsi en contradiction flagrante avec le premier acte qui avait signalé, au dire des légendes, le rôle religieux de son fondateur, abandonnant nuitamment son vieux père et sa jeune épouse? Ne se met-il pas en contradiction non moins manifeste avec son principe universaliste, avec l'idée de la « bonne loi pour tous? » Que dis-je? ne se met-il pas en contradiction directe avec la prétention qu'il a eue, de bonne heure, de monopoliser entre ses mains le moyen de délivrer l'homme du fatal cercle des renaissances et de le conduire, par une voie sûre, aux rives éternelles du fortuné Nirvâna? Mais qu'importent quelques contradictions de plus dans une religion où les contradictions naissent à chaque règle nouvelle posée par sa discipline, quoi que disent ceux qui, comme M. Spencer Hardy, ont tiré de la comparaison du monachisme de l'Orient bouddhiste avec les moines de l'Occident chrétien des conclusions offensantes pour la vérité et frivoles aux yeux de la science.

La science, du reste, n'en a-t-elle pas déjà fait bon marché? « Tout en prenant pour guide les documents précieux amassés par M. Spence Hardy, a écrit quelque part M. Pavie, nous tenons à déclarer que nous n'acceptons à aucun prix les conclusions qu'il cherche à tirer de la comparaison du monachisme de l'Orient avec celui de l'Occident. Ne peut-on déplorer l'ignorance, la stupidité, l'inutilité d'un pauvre Religieux hindou et païen, sans entendre retentir à son oreille les foudres de Wycleffe tonnant contre les ordres mendiants de l'Europe? » Et n'est-ce pas le même indianiste éminent qui, regrettant de voir l'écrivain anglais dont je parle employer une partie de son érudition à attaquer les institutions catholiques, fait cette remarque pleine de justesse : « Qu'il existe, dit-il, entre les monastères bouddhiques et ceux de l'Occident des rapports apparents et extérieurs, nous le reconnaissons très-volontiers. Cependant nous ne comprenons pas en quoi les ordres religieux du monde catholique seraient responsables des erreurs, de l'ignorance et de la superstition païenne des moines bouddhistes. » Ainsi parle la science sérieuse et impartiale. Ainsi parleront toujours les indianistes les plus versés dans la connaissance du bouddhisme, quand ils sauront étudier nos grandes institutions catholiques dans leur action divine et civilisatrice au milieu des peuples où elles ont fleuri.

TABLE

PARIS — IMP. SIMON RAÇON ET COMP., RUE D'ERFURTH, 1.